幼儿创造性音乐与动作课程教学实例

张 忻 著
唐歆仪 图

东南大学出版社
SOUTHEAST UNIVERSITY PRESS
·南京·

图书在版编目（CIP）数据

幼儿创造性音乐与动作课程教学实例 / 张忻著.
南京：东南大学出版社, 2025. 4. -- ISBN 978-7-5766-
1309-4

Ⅰ. G613.5

中国国家版本馆CIP数据核字第20253H3239号

策划编辑：邹 垒　　责任编辑：周 娟　　责任校对：子雪莲
封面设计：余武莉　　责任印制：周荣虎

幼儿创造性音乐与动作课程教学实例
You'er Chuangzaoxing Yinyue yu Dongzuo Kecheng jiaoxue Shili

著　　者：	张　忻
出版发行：	东南大学出版社
出 版 人：	白云飞
社　　址：	南京四牌楼2号
邮　　编：	210096
电　　话：	025-83793330
网　　址：	http://www.seupress.com
电子邮箱：	press@seupress.com
经　　销：	全国各地新华书店
印　　刷：	广东虎彩云印刷有限公司
开　　本：	700 mm×1 000 mm　1/16
印　　张：	5.5
字　　数：	88千字
版 印 次：	2025年4月第1版第1次印刷
书　　号：	ISBN 978-7-5766-1309-4
定　　价：	68.00元

本社图书若有印装质量问题，请直接与营销部调换。电话（传真）：025-83791830

前言
Preface

这本教材是中央音乐学院音乐教育学院幼儿音乐教育实践班课程体系中"幼儿创造性音乐与动作"课程所使用的教材。

这是一本为幼儿园和师范院校的老师编写的用于在课堂上开展创造性音乐与动作教学的课堂教学实例集。书中的课例均是笔者自2014年至今在一线教学中使用以及在全国骨干教师培训中使用且深受师生喜爱的内容，老师们可以直接或更具创造性地将其运用在课堂上。

在音乐框架下的创造性动作课，融合了奥尔夫教学法、达尔克罗兹体态律动教学法和创造性舞蹈，是一门适合幼儿学习认识身体、使用身体创造性表达音乐和情感的课程。

欧美日等发达国家和地区从20世纪50年代开始关注并研究创造性，强调在各门学科中运用创造性手法进行教学，把学生培养成具有创造性思维的人才。我国教育界现在已经意识到，完全以教师和教材为中心的教学结构，以及以模仿教师和统一标准答案的教学方法，是不可能培养出有创造性、有国际竞争力和适应未来的人才的。从幼儿开始培养创造性思维是中国教育的必然趋势，而从音乐和动作入手开展创造性教学，又是最符合孩子们天性的。用动作（包括面部表情）来表达自我，曾经是幼儿与外界交流沟通的唯一途径，手舞足蹈、哭笑、吮吸等是孩子们只要清醒就会不停做的动作。随着年龄增长，与外界的沟通途径增加了语言、文字等方式，孩子们不再单纯地依赖动作，动作的使用逐渐减少，动作也不再是本能的反应。因此，在创造性的音乐动作课堂上，需要老师们尽可能地保留孩子们动作表达的本能，并且通过引导他们有意识地认识－了解－使用身体部位及活动方式，更有效地用身体表现音乐、表达情感。

经过十年的教学实践，笔者编写了本实例集，并反复根据教学实践进行调整，最终完成了本教材。在此，感谢导师高建进教授给予的教学实践机会；感谢吕峤峤教授一路鼎力支持；感谢我的教学小团队，十年来的每一个周日，我们一起学习一起进步，他们是肖周衍、邓洁、万梦婷、李海欣、陶源、封成澳、王思涵、关雅婷、唐歆仪、唐一晨、龙宇、李之之、邓子怡、聂培欣、夏若彤、许自成、吴泓、董若婷、熊胜男、夏如倩、谢晓昀、乌山、刘秉汉、段卓颖、向泳冰、周夕婷；感谢我们教过的小朋友们，他们的可爱是我们继续的动力，更要感谢把小朋友送到我们手上的爸爸妈妈们，他们的信任让我们不断高标准要求自己；感谢唐歆仪同学在课余时间帮我绘制每一幅漂亮的插图；感谢我的先生陈永权教授和我的女儿陈希言，容忍我十年几乎每一个周日都只能陪伴"别人家"的小朋友；最后感谢我的母亲吴兰凤女士，把我送到音乐教育的道路上来。

（本书文中涉及的部分音乐作品，由于无法联系原作者，敬请原作者及时与著者取得联系。）

目录 Contents

第一部分　概述 …………………………………………………… 001

一、幼儿创造性音乐与动作的教学目标 ………………………… 002
（一）从使用身体的角度 ……………………………………… 002
（二）从音乐学习的角度 ……………………………………… 002
（三）从表达方式的角度 ……………………………………… 003
（四）从其他角度 ……………………………………………… 003

二、教学内容的安排 ……………………………………………… 003
（一）热身环节的目的 ………………………………………… 004
（二）主题课程环节的目的 …………………………………… 004
（三）结束环节的目的 ………………………………………… 004

三、教学中需要注意的几个问题 ………………………………… 005
（一）教师的定位 ……………………………………………… 005
（二）课例的使用 ……………………………………………… 005
（三）课堂氛围的把握 ………………………………………… 005
（四）教学步骤的有序性 ……………………………………… 006
（五）解决问题的能力 ………………………………………… 006
（六）教具使用的创造性 ……………………………………… 006

第二部分　教学实例 ··· 007

一、热身环节 ··· 008
（一）互相介绍型热身 ······································· 008
（二）模仿型热身 ··· 009
（三）音乐信号型热身 ······································· 010

二、主题课程环节 ··· 011
（一）毛毛虫与蝴蝶 ··· 011
（二）蚂蚁搬西瓜 ··· 013
（三）含羞草 ··· 016
（四）小火车 ··· 019
（五）跳舞的萝卜 ··· 021
（六）音乐盒子 ··· 025
（七）水族馆 ··· 028
（八）寻找布谷鸟 ··· 031
（九）魔法棒 ··· 034
（十）郊游 ··· 036
（十一）神奇的口诀 ··· 039
（十二）打雪仗 ··· 042
（十三）打臭虫 ··· 045
（十四）集市 ··· 048
（十五）提线木偶 ··· 053
（十六）小马奔腾 ··· 057
（十七）字母啦啦操 ··· 063
（十八）蒙古族筷子舞 ······································· 066
（十九）飞舞的打棒 ··· 071
（二十）竹竿舞 ··· 076

三、结束环节 ··· 080

后记 ··· 082

Part 1

第一部分 概述

在当今社会，幼儿教育的重要性愈发显著。随着社会的进步和教育理念的更新，传统的以知识传授为主的教学模式已经无法满足现代幼儿全面发展的需求。创造性教学作为一种新兴的教学方法，逐渐受到教育界的关注。创造性教学不仅能够激发幼儿的学习兴趣，还能够培养他们的创造力、自信心和团队合作精神。音乐与动作作为幼儿教育中的重要组成部分，具有独特的教育价值。通过音乐与动作的结合，可以促进幼儿的身心发展，提高他们的艺术素养和审美能力。因此，设计适合幼儿的创造性音乐与动作课程具有重要意义。

幼儿创造性的音乐与动作课，旨在让孩子们认识自己的身体，熟悉身体各部位的活动方式，在听到音乐后能够用自己的身体作出个性化的、创造性的表达，以激发孩子们的创造力、想象力和身体表达能力。

一、幼儿创造性音乐与动作的教学目标

（一）从使用身体的角度

1. 课程引导孩子们认识身体各部位，能够准确辨别和说出身体各部位的名称；
2. 使孩子们能够通过探索了解身体各部位的活动方式；
3. 提高孩子们对身体的感知和控制能力；
4. 使孩子们身体的协调性和灵活性得到提升；
5. 让孩子们习惯用身体语言进行表达。

（二）从音乐学习的角度

1. 提高孩子们对节奏的敏感度；
2. 提高孩子们对音乐信号的辨识度；
3. 加强孩子们对旋律线条的感知；
4. 帮助孩子们建立对音乐结构的初步认识；
5. 引导孩子们对音乐风格进行探索和表达。

（三）从表达方式的角度

1. 倡导自由即兴式表达，不以动作美与不美为评判标准，鼓励孩子们听到音乐后做即兴、个性的动作表达；
2. 促进与他人的合作协同，在教学过程中有大量的以双人或小组为单位的指令内容，让孩子们对社交技能和团队活动有初步的概念；
3. 全过程结合视－听－动的多感官联动式输入与输出；
4. 表达过程中鼓励孩子们探索空间，让他们能更好地感知和利用空间；
5. 借助使用丰富的教具，增加孩子们对物体质感的认识和想象力的激发，使其表达方式更为多元。

（四）从其他角度

1. 孩子们是教学环节中的主导者而非单纯的接受者；
2. 促进孩子们语言能力的提升，包括聆听与表达；
3. 跨学科，对于创造性的课程都是鼓励与其他学科相结合的，可以利用各学科不同的特点互助理解和解决问题；
4. 课程可以让孩子们体会文化的多样性，通过音乐、动作增加自身对世界多样性的认识和欣赏；
5. 提升孩子们的创造性思维，通过音乐与动作的结合，培养他们的创造性思维和解决问题的能力；
6. 整合科学技术，合理利用现代技术，丰富教学内容，增加孩子们学习的兴趣。

二、教学内容的安排

《幼儿创造性音乐与动作课程教学实例》根据孩子年龄、身心特点将3～6岁的孩子分为三个阶段进行教学：3～4岁、4～5岁、5～6岁，每个年龄段都有相对应的教学目的和突出的教学重点。

《幼儿创造性音乐与动作课程教学实例》中每一课例都包含三项内容：热身环节、主题课程和结束环节。

（一）热身环节的目的

1. 让孩子们在活动之前预热身体的肌肉和关节，避免之后在活动中受伤；
2. 教师通过灵活、多变、有趣味性的热身活动，将孩子们的注意力吸引到课堂上来；
3. 引导孩子们认识身体各个部位，知道多个部位名称，了解各个部位的多种活动方式；
4. 为主题课程进行动作性的铺垫，积累"动作语库"；
5. 让孩子们关注音乐，时刻注意老师的各项指令。

课堂总是以热身作为第一步。每个阶段的热身安排也是循序渐进的。

（二）主题课程环节的目的

1. 让孩子们学会聆听音乐，使他们明白所有的音乐活动都是基于听到音乐后，身体对音乐的刺激作出的反应；
2. 让孩子们关注音乐中的"信号"，如特殊的声音、不同的音色、对比的速度和重复出现的乐句等；

3. 让孩子们感受音乐和主题中的情绪情感；
4. 让孩子们从感性上体验、表达音乐要素；
5. 让孩子们灵活运用身体完成自我表达；
6. 让孩子们感受与他人和其他物品的关系；
7. 让孩子们愿意自我表达（包括语言与身体），并积极地投入到创造性的表达活动中来。

（三）结束环节的目的

1. 经过主题课程大量的活动后，需要让孩子们慢慢地从情境中抽离出来，安静下来；

2. 让孩子们进行结束放松活动，从躺在地板上闭眼休息开始，彻底放松身体，感受身体与地面的联系；

3. 使孩子们通过手拉手地行走感受个人与他人的关系；

4. 使孩子们可以通过在教室中的活动轨迹感受人与空间的关系。

通过大家手拉手走出各种队形，为以后主题课程中队形的拓展提供可能性。

三、教学中需要注意的几个问题

（一）教师的定位

教师应该是所有音乐活动的引导者，他对幼儿不是指导和指挥，也不是幼儿模仿的对象，而是有想象力的启发者。这要求教师在教学过程中要充分地关注孩子，给孩子表达的机会和思考的空间。

（二）课例的使用

对于学前的孩子来说，必要的重复是帮助他们加深感受的手段，所以一个完整的课例不局限在一节课内完成，我们的大部分课例都是两节课完成，有时还会根据孩子们的实际情况再加入拓展的部分。教师也可根据自己教学对象的实际情况来调整课时。

（三）课堂氛围的把握

本课程是一门鼓励孩子用动作来表达音乐的课程，氛围是自由和无压力的。首先，教师要帮助孩子认识身体部位及各部位的活动方式，构建有效的动作语库，为孩子后续的表达和创造打下基础。其次，鼓励孩子们用有效的动作语汇来表达听到的音乐。然后，如果孩子还没有表达和创造的自信，教师应给予有针对性的帮助和支持。只有在自由和无压力的状态下，孩子们的创造性才有可能得到激发。

（四）教学步骤的有序性

教师在教学时，要专注于自己的教学步骤，有时同样的内容由于教学步骤的区别，效果也会大相径庭。有经验的教师会对自己教学步骤下孩子们的反应有较准确的预估，从而教学起来游刃有余。如笔者自己的教案就非常简洁，仅以一，二，三，……这样提纲挈领的方式呈现最简单的教学步骤，记住了步骤，留白处均是根据孩子们的反馈灵活调整，所以即便是同一教案，不同班级的呈现效果可能完全不同，这在锻炼教师能力的同时，也给了教师极大的发挥空间。

（五）解决问题的能力

幼儿的想象力是天马行空的，教师要有机智、即时地解决问题的能力，否则将时刻被孩子们"坑"到束手无策。创造类的课程如果教师没有创造性，没有想象力，那课程怎么能让孩子们敢于创造、更富想象力呢？记住你的教学目的，用你的智慧，用你的天马行空"对付"孩子们的天马行空吧！

（六）教具使用的创造性

教材中几乎每个课例都会使用教具，这些教具都是笔者淘来的"宝贝"：丝带、麻绳、羽毛、纽扣、各种颜色的布……每次上课都要带上我的两箱"宝贝"。这些有意思的宝贝常常也是开启新课例的密钥！教具的使用让孩子们对课堂永远保持好奇和新鲜，也是孩子们感受外界的重要媒介，音乐对孩子们来说是抽象的，但是实实在在、不同质地、不同重量的教具给予了孩子们极大的感官刺激，加深了他们对音乐的理解和想象。

Part 2

第二部分　教学实例

教材中的三项基本内容都是按照符合孩子们身心特点及难易程度来安排的，每节课老师可以根据主题课程设计相关的热身及结束环节，也可以根据教学对象按照难易程度（同级别）来挑选素材，老师们还可以有自己的不同组合方式，甚至拓展设计出更多的活动。记住：要想孩子们有创造性，老师就要大胆、敢于冒险！让我们开启神奇的幼儿创造性音乐与动作之旅吧！

一、热身环节

热身环节按照形式进行分类，老师们可以灵活挑选、调整，热身的音乐可以选择节奏感强且相对稳定的音乐，我最喜欢的热身音乐是 *a Child's Rhythm Basket* 中的 NO.06 *Old Mcdonald Had a Farm* 和 NO.12. *Mary Had a Little Lamb*。

（一）互相介绍型热身

课程初期需要让孩子们尽快认识老师，熟悉老师，对老师建立基本的信任。

1. 师生围坐，老师一边念着歌谣一边向学生问好，并在念"我们一起来跳舞"时，用不同的动作和与之相配的语言，如"我们一起拍拍手／转个圈／跳起来……"完成问好。

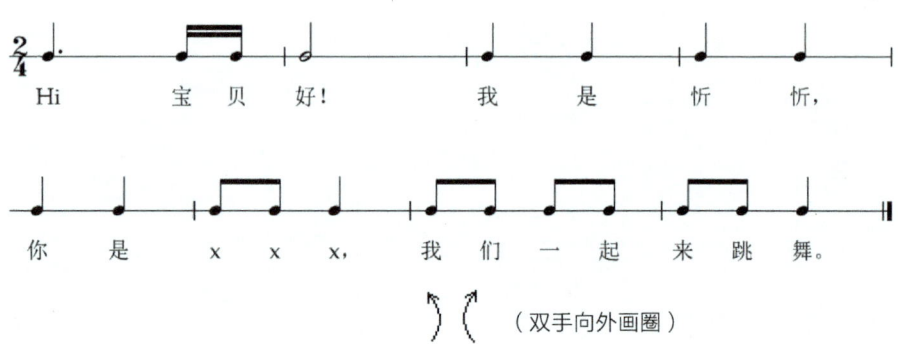

2. 小朋友们围圈坐，用垫子挡住头不让老师看见，老师一边唱一边猜小朋友在哪里，唱完放下垫子确认老师是否猜对。（故意猜错一些，让孩子们高兴，并且觉得老师也会有出错的时候，往后也不会担心自己犯错。）

（二）模仿型热身

从模仿入手，让孩子们无意识地跟随，有意识地了解身体的部位和活动方式。

1. 围圈坐，活动身体各个关节，老师边唱边做动作。

忻忻点点头，你们也点点头。忻忻摇摇头，你们也摇摇头。
抬抬肩，转转肩，升高手，放低手，像波浪，像小鸟，像章鱼/水母……
在摇摆，在画圈，抱紧腿，松开腿，压压腿，勾脚尖，绷脚尖……

2. 只活动老师指定的身体部位。

眼睛：往上看、往下看、往左看、往右看、睁大双眼、闭上双眼、睁一只眼闭一只眼、交换睁开和闭上的眼睛、快速眨眼。

鼻子：抽动鼻子。

嘴巴：微笑、不高兴、咀嚼、亲吻、吹泡泡、小鱼吐泡泡。

头部：点头、摇头、转动头。

肩膀：耸肩、落肩、耸肩（一边）、落肩、肩膀绕圈（向前和向后）、肩膀前后晃动。

手臂：举起、放下、放烟花、摇晃、如机器人手臂活动。

臀部：左右摆动、绕圈。

膝盖：弯曲、伸直、跳起（数到三弯曲，数到四跳起）。

脚：勾绷脚尖、分开脚尖（八字脚）、合上脚尖、分开脚跟、合上脚跟、走动、跑、跳。

单一部位完成后，可以两个部位同时进行。

3. 随乐而动（位移），注意观察老师的动作，老师的动作有变化，学生也第一时间跟随：

慢走—正常速度走—踏步—高抬腿跳—马步—控腿（摸小腿）—踮脚走—长高（全身，伸长手作为辅助）—跑—单腿停—换单腿停—双手单脚着地，另腿抬高—换腿—四肢着地爬—坐下分开双腿—两边摸摸脚尖—两边从下往上拍—双手肘支头—额头碰地面—盘腿伸高双手—起立。

4. 趴到地上听着音乐和老师的口令，完成动作：

额头放在叠合的双臂上—抬头（只露出眼睛）—低头—露出鼻子—低头—露出嘴—低头—露出下巴—低头—露出脖子—低头—双手支撑起上半身—向后弯身体；

抬头把下巴放在叠放的手臂上—抬起双腿—放下—抬起双腿勾脚尖—绷脚尖—放下—抬起一条腿—交替抬起双腿—放下—双手支撑起身体＋抬起双腿—回原；

分开双腿—合拢—分开＋屈膝（青蛙腿）—跪地—猫背—狗背—蜷缩身体—伸展至起立。

5. 动物动作的模仿：

不要统一模式，尽量先启发孩子们观察真实的动物形态，而非成人规定的动作。

6. 日常生活动作的模仿：

尽可能地还原生活动作的形态，鼓励孩子们课后仔细观察。

（三）音乐信号型热身

1. 行与止——类似木头人，信号类热身的最初级形式：在音乐中行走，音乐停动作停。

2. 行走方式——用打击乐的节奏或音色来进行控制：听鼓声控制脚步，正常行

走步速的 / 快速小跑的 / 慢慢拖步的 / 不平均的马步和跑跳步；听到一声三角铁用脚尖行走，听到两声三角铁回到正常行走；听到一声鼓声用脚跟行走，听到两声鼓声回到正常行走。

3. 认识身体部位和空间——什么部位在最上面，什么部位在最下面，藏起什么部位，什么部位和什么部位黏在一起。把丝巾抛出去，指定接住它的身体部位，如手、手指头、手腕、胳膊肘、头、肩膀、后背、臀部、肚子、膝盖、脚趾头等等。

4. 利用媒介——要触摸什么物品。如：钢琴 / 柜子 / 门；站在什么颜色的丝巾旁边。

5. 数数相关——抱团子。听见几声鼓几个团子抱在一起，几点着地。

6. 形状——身体要呈现一个圆形 / 直角 / 半圆 / 三角形 / 长方形，身体要变大 / 变小 / 变长 / 变圆，身体要变成1，2，3，4，身体要变成 A，B，C，D。

二、主题课程环节

注：教师头像后的蓝色字体为教师的话语，老师们可以直接表述，黑色字体为描述性文字

（一）毛毛虫与蝴蝶

教学目标：让孩子们通过听 + 动作来区分音乐中 A 和 B 两段的速度，体会不同的音乐性格；所用动作为列队缓慢行走和自由腾空跳跃。

适合年龄：3 岁。

音乐分析：音乐有两个对比鲜明的主题，主题 A 为慢速（毛毛虫主题），主体 B 为快速跳跃（蝴蝶主题），AB 主题交替出现，全曲结构为 ABABAB。

音乐：

Aus Ungarn 选自专辑 *Tänze für Kinder und Jugendliche*。

教具：绘本《好饿的毛毛虫》、蝴蝶翅膀。

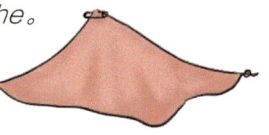

教学步骤：

1. 老师给孩子们讲一遍绘本《好饿的毛毛虫》，突出毛毛虫蜕变成蝴蝶展翅的瞬间。

2. ：小朋友们听听，这个音乐是谁来了？老师播放主题 A。

：对！就是走路慢慢的毛毛虫，毛毛虫有很多的腿，想要所有的腿都向前走还是很费劲、很需要点时间的。现在老师想要所有的小朋友变成一只有很多腿，而且身体很长很长的毛毛虫，小朋友们有办法吗？老师引导孩子们站成插图所示的队形；孩子们跟着音乐行走，感受音乐和动作的缓慢。

3. ：那小朋友们听听这是什么呢？老师播放主题 B。

：这是展开翅膀的蝴蝶，高高地飞起来！请漂亮的小蝴蝶们快速扇动翅膀飞起来！孩子们离开毛毛虫的队伍，自由飞舞欢跳。

4. ：让我们跟着完整的音乐，看看哪里是毛毛虫哪里是蝴蝶。老师播放全曲，仔细观察孩子们在音乐主题转换时的反应速度。

之后，老师根据孩子们的意愿分组，一组是毛毛虫，一组是蝴蝶，每组只能在听到自己组主题音乐时出来完成相应的动作，不是自己组的主题音乐时停住不动；完成一轮后角色互换；毛毛虫头可以更换不同的小朋友，老师事前排好毛毛虫头更换的顺序。

（二）蚂蚁搬西瓜

教学目标：能够区分对比的两段音乐，并用对应的动作表示出来。

适合年龄：3 岁。

音乐分析：音乐有两个对比鲜明的主题，主题 A 慢速具有沉重感（蚂蚁搬西瓜的主题），主体 B 快速欢快具有跳跃感（蚂蚁放松休息的主题），AB 主题交替出现，全曲结构为：前奏 -ABABAB。

音乐：*Carnevalito* 选自 *Musik und Tanz für Kinder*。

教具：皮球、呼啦圈。

教学步骤：

1. ：小朋友们你们见过蚂蚁吗？用手比画一下蚂蚁有多大！老师帮助比画出蚂蚁的大小。

：那你们见过和吃过西瓜吗？一般西瓜有多大？也给老师比画一下！老师帮助比画出西瓜的大小。

：今天老师给你们讲一个这么小的蚂蚁搬运这么大的西瓜的故事——《蚂蚁搬西瓜》。

2. 老师给孩子们讲绘本《蚂蚁搬西瓜》，讲到全部蚂蚁出动去搬西瓜，：虽然蚂蚁全体出动，但是它们抬也抬不起、推也推不动、吃又吃不完……怎么办呢？有没有小朋友能想想办法？……对了，它们把西瓜弄成小块儿，一点一点地搬回家！

3. ：现在老师给你们每人发一块西瓜，注意，西瓜很沉，但是不能把西瓜摔到地上，不然西瓜就碎了……我来看看你们谁能抬动这么重的西瓜。老师给每个孩子发一个红色皮球，并向下施加力量，让孩子们能感受一下有重量的感觉。

：我们听着音乐一起来搬西瓜。播放音乐主题A。

4. ：你们看看蚂蚁都怎么搬西瓜的？……太好了，我看到你们这些聪明的小蚂蚁有的抱着，有的扛着，有的用头顶着，还有的背着……太棒了，我们来试试用各种姿势搬西瓜。播放音乐主题A。

5. ：搬了这么久的西瓜，大家累不累呀？胳膊酸不酸？腰疼不疼？腿胀不胀？那我们来放松一下吧，把西瓜放到我们安全的地洞里（呼啦圈），一起来活动一下手，扭扭腰，抖抖腿……蚂蚁们看到自己的大西瓜非常高兴，一起围着自己的西瓜高兴地跳！播放音乐主题 B。

6. ：接下来让我们听着音乐来搬西瓜，看看是一次搬到家，还是距离太远，休息完了还需要继续前进……播放完整音乐。

音乐结束后，：所有的西瓜都被我们搬到巢穴里了，让我们看看我们的劳动成果！（翻到巢穴被西瓜占满的绘本页面）我们的巢穴被塞满了，我们太厉害了！这可以吃上好长时间呢！

7. 第二次课可以让孩子们尝试两只小蚂蚁一起搬西瓜，启发并让孩子们探索更多双人组合搬西瓜的可能性。

（三）含羞草

教学目标：培养孩子们身体对音乐的进行与停止的反应，用身体做出大、小、开、合动作的对比。

适合年龄：3岁。

音乐分析：教师可以选择具有律动感的音乐，以乐句为单位，不规则地截断音乐，并在截断处插入不同长短的休止片段。本音乐为桑巴风格乐曲，在音乐中不规则地随机出现长短不一的休止乐句信号。

音乐：可以挑选任何节奏鲜明、富有动感的音乐，可用一些多元文化的音乐让孩子们感受音乐的多样性，本人采用并编辑使用的音乐是 *Samba stop*。

教学步骤：

1. ：宝贝们请坐下，今天老师给你们看一个视频。这是一种神奇的植物，你们看看这个植物神奇在哪里？播放含羞草被触摸的视频。

2. ：这个植物会动！它是怎么动的？如果我们的小手是这个植物，你们能做给我看吗？

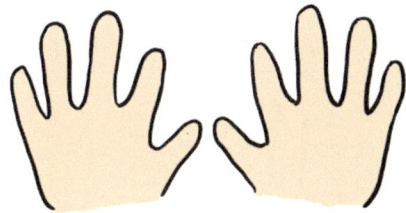 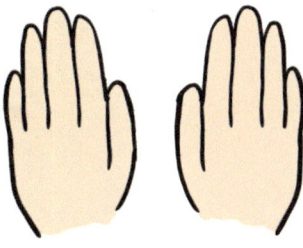

：现在老师的手就像视频里的手一样，碰到了小叶子，会发生什么呢？

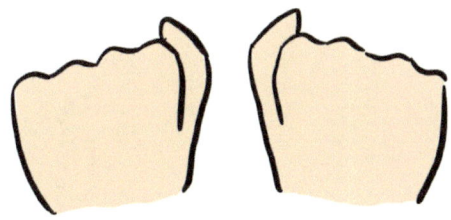

老师尝试用手触碰每一片"叶子"，：这种一摸就"不好意思"的植物叫含羞草。

3. ：现在我们跟着音乐行走，音乐停我们脚步就停，并用手模仿含羞草的叶子，老师会来摸小"叶子"，看看哪片"叶子"反应最快最害羞。播放音乐，音乐停孩子们用手变含羞草，老师摸到哪片"叶子"，哪片"叶子"就收拢变小。

4. ：如果我们的整个身体是一片大大的含羞草，那被摸到的"含羞草"会发生什么变化呢？

5. ：那我们跟着音乐来做整个身体的"含羞草"吧！

拓展部分：

捕蝇草

通过捕蝇草让孩子们了解开－合的动作概念。

1. 观看捕蝇草的视频后用手做出捕蝇草捕蝇的动作；

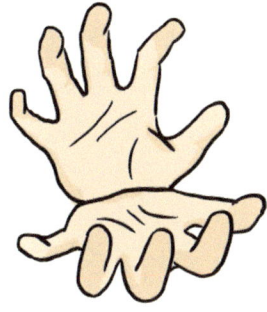 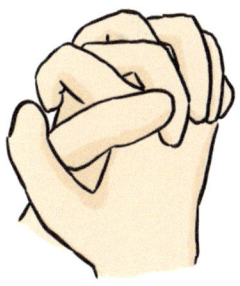

播放音乐，音乐停止时用手摆出捕蝇草的动作，老师拿着用丝巾做成的"飞虫"飞到"捕蝇草"里，"捕蝇草"闭合。

2. 老师启发孩子们思考身体还有哪些部位可以像捕蝇草一样做开合的动作，孩子们根据想到的部位一一尝试；播放音乐，音乐停止时孩子们用身体的各种部位来模仿捕蝇草，用合上的动作夹住老师的丝巾"飞虫"。

（四）小火车

教学目标：使孩子们学会聆听音乐，通过模拟火车的启动—飞奔—减速停靠的全过程来感受渐快和渐慢，同时仔细听汽笛的信号。

适合年龄：3岁。

音乐：*The wee sing train* 选自 *Wee sing*。

音乐分析：小火车的音乐有渐快和渐慢，还有汽笛的信号。

教具：手鼓  、火车哨 、长绳子（间距打结） 。

教学步骤：

1. ：请小朋友们一起来开火车，每人都是一辆小火车，火车启动的时候是像火箭一样"嗖"地开动，还是慢慢启动越开越快？对了，火车是慢慢开动的，现在老师敲着鼓带我们开起火车来，鼓声响车子开动。老师尝试用鼓声带着孩子们慢慢启动——火车飞奔（渐快）——爬爬山坡（渐慢）——下个山坡（渐快）——靠站停车（渐慢至停下）。

2. ：小朋友们，你们知道我们现在的火车两边都有火车头，都能控制火车运行（给孩子们展示高铁的图片），火车到站后火车尾变成火车头往回开，所有小朋友原地跳起向后转（转体180度），听听这个信号就是到站往回开的信号（老师吹响火车哨）。老师一边用鼓声控制小火车的速度一边间或吹响火车哨，观察是否每个孩子都能完成老师的指令。

3. ：那让小火车跟着音乐看看能不能开起来，还要看看小火车能不能接收到音乐中掉头的信号，做得最好的小火车可以加长车厢。老师观察在音乐中孩子们能否随乐调整行进步速，能否听出音乐中的信号。

4. 两个人组成一辆小火车，完成以上指令，听到掉头信号后火车头变火车尾，火车尾变火车头，观察两人小火车能否按要求活动，能否协调头尾关系。

5. 挑战超级火车,所有人牵一根长绳,每人抓住一个绳结(保持距离),按要求完成动作。

(五)跳舞的萝卜

教学目标:让孩子们学会聆听,根据音乐速度的突然变化做出相应的动作变化,能敏锐地听出音乐信号并完成指定动作。

适合年龄:3岁。

音乐:*Pass the Ball* 选自 *Wee Sing*。

音乐分析:这是一首英文歌曲,音乐有突快和突慢,有摇铃的信号。

教具:铃鼓 、两个球  。

教学步骤:

1.  :今天老师带小朋友们来到农场,我们要给农场种上萝卜,现在老师给你们小脚上都装上小铲子,老师每敲一次鼓,你们小脚丫就要在地上铲一个洞,让我们干起活来!老师击鼓由慢开始,突然改变速度,也可以加入强弱的变化,可

以用语言帮助孩子们理解，比如：这是松松的土壤，我们只要轻轻地铲下去就行！这里我们要挖深一点，来重重地下铲子！……快慢强弱多种组合。注意提醒孩子们尽可能在农场的各个角落都挖好洞，以便能种更多的萝卜。

2. 👩：老师看到大家挖洞的技术越来越熟练啦，萝卜洞也挖得差不多了，小脚丫上换上播种的工具了，每走一步就能在脚下播下一个种子。小脚丫的播种还是由老师的鼓声控制，但还想给你们多加一个活儿！我们用脚丫子播种，还要用手给土地浇浇水，请仔细听浇水的信号，听到浇水信号停下脚步摇晃双手浇水。老师摇晃铃鼓确认孩子们能辨认出浇水的信号。

3. ：非常好！让我们在种萝卜的音乐里来种萝卜和给萝卜浇水吧！音乐会告诉我们种萝卜的速度和该什么时候浇水的，宝贝们要听仔细咯！老师播放音乐，孩子们完成动作。老师观察孩子们对行走和浇水的音乐及动作的敏感度。

4. ：让我们围一个圈坐下，劳动半天有点累，休息一下。这片地我们种下了好多萝卜，老师这里有个淘气的红萝卜，就爱在我们挖的洞里躲猫猫（老师做传递的动作），它可会躲了，只有在浇水的时候才会伸出头来喝水，我们就要在它喝水的时候抓住它，像老师一样把它高高举过头顶代表我们发现它并抓住它了，然后接着躲猫猫，看看是淘气的萝卜厉害，跑得快不被发现，还是我们更厉害！

023

5. 老师拿出铃鼓展示给大家看，：浇水的声音就是这个发出来的，请大家来试试它是怎么发出浇水声音的。小朋友一个一个传递尝试用铃鼓发出浇水的声音，探索哪种动作能够发出浇水声音。

：这种让铃鼓发出浇水声音的动作叫作摇晃，来，让我们在音乐里行走，听到浇水的声音就停下脚步用手和胳膊做摇晃的动作，不过老师会指定浇水的地方哦！老师在行走的时候提前预告接下来浇水的方式：一只手浇水，双手浇水，双手在头顶浇水，双手在挨近地面的位置浇水，双手都在身体一侧浇水，左手在右边、右手在左边浇水……听到浇水音乐时完成老师的要求。老师一定要用准确的语言提前在行走音乐时说出要求，留给孩子们足够的思考时间，让孩子们感受手与空间的多种可能性。

6. ：高高低低、左左右右、前前后后咱们都尝试过浇水了，那你们还能说说除了手我们身体的哪些地方还能来完成摇晃的浇水动作呢？老师启发孩子们尽可能找到全身能做摇晃动作的部位并用准确的身体部位的描述词语表达出来，如：头、肩膀、手指、腰、膝盖等等。也可创造性地开发不常想到的部位，如：头发、眼珠、舌头等，让孩子们的寻找探索之路充满乐趣。

：接下来我们在音乐中行走，老师会提前告诉你们用什么部位摇晃浇水，浇水的信号响起你们就要按老师的要求做出来，看看哪个小朋友做得最好。

7. ：现在老师不会要求小朋友们用哪个部位浇水了，听到浇水的音乐时小朋友们自己决定用哪个部位浇水，我看看哪些小朋友是浇水小能手，哪些小朋友是创意小能手。老师播放音乐。

（六）音乐盒子

教学目标：培养孩子们对休止的敏感，开发创造性的动作组合。

适合年龄：4岁。

音乐：*Break Mixer* 选自 *Tanzen in der Grundschule*。

全曲结构：ABCD 四个乐句，乐句 B 后三拍为休止。

教具：手鼓 。

教学步骤：

1.  ：今天老师是旅行的鼓手，要带大家去旅行，大家要跟上鼓手的步伐哦。老师用手鼓敲击不同的速度，并用语言予以提示增加情节和趣味。

   ：出发！（行走的步速）下雨啦！跑起来躲躲雨！（小跑的步速）哇！找到一个亭子躲会雨（鼓声停）。雨小了，出去看看能不能行路了（小跑速度），不行还是要回亭子躲躲（鼓声停）。雨停了，走！我们去爬爬山（鼓声又重又慢且持续一段时间），到山顶了，歇会吧（鼓声停）。山顶风景真好，我们跳起来和山对面的游人打个招呼吧（有弹性的鼓声＋跳起挥舞手臂）。下山咯（又轻又快的鼓声）。前面有条河，会游泳的小朋友举手，跳进河里（重重的一声），游呀游呀（用手指甲在鼓面划出长音）上岸了！太累了！躺下来休息一下！

2. ：带大家用鼓声去旅行真的辛苦！我还是让我的音乐盒子继续带你们旅行吧！不过我的音乐盒子脾气可不好，你们要跟着音乐盒子的音乐出发，如果音乐停止，你们也要停住，保持住！音乐盒子有音乐了才能出发！我要看看谁是最能听懂音乐盒子的宝贝。老师播放音乐，仔细观察孩子们在没有语言提示的情况下，能否很快地识别出休止并用动作表示出来。

3. ：音乐盒子带我们来到了一个音符山洞，山洞里到处都是音符，音乐盒子需要我们用音符来给它的空着的地方填补上。所以我们在音乐中行走，音乐盒子空白时我们要找到离我们最近的一个音符拿起扔给音乐盒子进行填补，山洞里到处都是音符，我们眼前、胸前、膝盖前、左边、右边、头顶、背后都有，每次我们都要找不同的地方的音符。

4. ：音乐盒子说音符够了，它想要小朋友们的动作来填补，你们可以做任何你们想做的动作补上音乐盒子的空。老师想做这个动作……老师做的示范要具有启发性，并用语言启发孩子们，运用身体各部位的动作来尝试。

老师让每一个孩子尝试做出自己的动作，用小朋友的名字来命名动作，所有小朋友模仿做出来。老师播放音乐，在行走的音乐时老师提前预告接下来空白时应该用哪位小朋友的动作来填空。

 5. ：老师这里有一个统一的填空动作，看看小朋友们能不能学会。

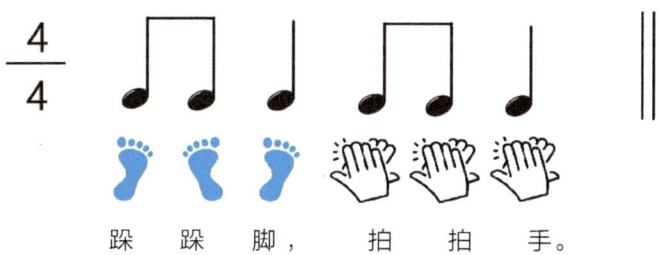

跺　跺　脚，　　拍　拍　手。

 ：动作学会了，看看小朋友们能不能用老师的动作来填补空白！

 ：那完整的舞蹈是这样的

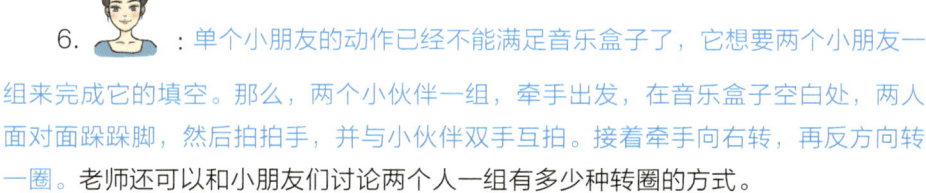

6. ：单个小朋友的动作已经不能满足音乐盒子了，它想要两个小朋友一组来完成它的填空。那么，两个小伙伴一组，牵手出发，在音乐盒子空白处，两人面对面跺跺脚，然后拍拍手，并与小伙伴双手互拍。接着牵手向右转，再反方向转一圈。老师还可以和小朋友们讨论两个人一组有多少种转圈的方式。

7. 老师挑选 2～3 种转圈的方式和小朋友们一起完成全曲的舞蹈。

8. 每一个完整段落后小朋友们可以与搭档说再见,在新段落的第一句行走部分更换好新的舞伴。

(七) 水族馆

教学目标:让孩子们体验音乐流动的感觉,能对比两个音乐元素,并用身体动作表现出来。

适合年龄:4 岁。

音乐:《水族馆》选自圣桑的《动物狂欢节》。

音乐分析:全曲可以提炼出两个音乐元素,元素 A 是游动感觉的,元素 B 推动性不强,有原地旋转感觉(水族馆里鱼儿吃食或转圈)。

教具：一块蓝色的布  、10个海洋球或网球  或者

海洋馆里各种鱼的图片  、丝巾  。

教学步骤：

1.  ：小朋友们，让我们来听听这段音乐，你们觉得这像风像火还是像水？老师播放音乐A。

 ：对了！像水，还有波浪呢。老师在音乐中打开蓝色的纱，每个孩子抓住纱的一个边角，上下起伏模拟水的波浪。

 ：波浪里有什么呀？——鱼！老师把球放到纱布的上面。 ：波浪里小鱼到处游动，注意小鱼一定要在波浪里游动，我们要很小心，不能让小鱼掉出波浪，没有保护好小鱼的小朋友要被淘汰，在旁边观察一下怎么让小鱼安全地在波浪里游动。播放音乐A。

2. 老师和小朋友们垂下抓纱的手，：小鱼游累了，要停下来休息吐吐泡泡，我们来听听小鱼吐泡泡的音乐。老师播放音乐 B。

：小鱼停下吐泡泡的时候，我们也停下手里的波浪，让小鱼停下来原地吐泡泡，我们也像小鱼一样嘟起小嘴吐泡泡。老师再次播放音乐 B。

3. ：现在我们要开始新一轮的小鱼游泳了，有波浪声我们就要让小鱼在水里游起来，小鱼累了吐泡泡时我们就要停住，不要晃动波浪再让小鱼移动了。老师播放全曲，仔细观察孩子们对两个音乐主题的敏感度和动作反应能力，当大部分孩子都能做到时，此环节结束。

4. 老师收起波浪纱和球，：小朋友们有没有去过海洋馆？有没有看过大的水族馆？水族馆里都有什么鱼？老师给孩子们展示水族馆里各种各样的鱼的图片，并简单用语言或动作模仿这些鱼游动的动作（如魔鬼鱼、鲨鱼等）。

：现在我们都是水族馆里的各种鱼,(老师给每个小朋友一条丝巾,让孩子们根据自己的小鱼形象装扮自己)我们在水里自由地游泳,当我们听到表示小鱼又累了的音乐时我们要停止游动,站在原地休息吐泡泡(小嘴要做出吐泡泡的动作)。老师播放全曲。

：这次老师要加大难度了,我想要小鱼吐泡泡休息的时候,在原地转圈放松一下,看看哪条鱼是最聪明的鱼。老师播放全曲。

(八)寻找布谷鸟

教学目标：让孩子们学会聆听,对音乐信号能做出敏锐的反应;对动作有一定的想象力和创造性。

适合年龄：4岁。

音乐：The Cuckoo in the Depths of the Woods《林中杜鹃》选自《动物狂欢节》。

音乐分析：《林中杜鹃》选自法国作曲家圣桑《动物狂欢节》组曲中的第九首,音乐是平静舒缓的,布谷鸟叫声的信号不规则贯穿全曲。

教具：丝巾、布谷鸟图片。

教学步骤：

1. ：宝贝们,今天老师要带你们到森林里转转,森林里有许多小动物,为了不打扰小动物,我希望你们都小心一点,不要惊吓到它们。一会儿我们如果听

到了小动物的叫声，就停下脚步，到处找找，还要记住这个声音，等会我会请你们来学学这个叫声。老师播放音乐，带着孩子们按照音乐中的感觉小心地行走，听到布谷鸟叫声时停下脚步，到处看看或听听。老师先带着做两次，然后撤出，仔细观察孩子们对信号的敏感度。

2. ：有小朋友知道这是什么小动物吗？谁能学学它的叫声？布谷鸟！老师给你们看看布谷鸟的图片。……让我们再去森林里，小心地找找布谷鸟，一定不要吓跑它们！老师播放音乐，让孩子们再次寻找（听或看）布谷鸟。

3. ：小朋友们想想，这么漂亮的小鸟在叫的时候会做什么动作呢？老师的小布谷鸟在叫的时候会摆动小尾巴，你们的呢？老师引导每个孩子做自己想象中小鸟的动作，一个小朋友做完，所有的孩子一起模仿，并以小朋友的名字命名小鸟，如点点的小鸟、果果的小鸟等。老师还需要帮助动作不明确的孩子确定动作，并一起记住动作。老师播放音乐，挑选出三个孩子的动作，由老师指定在听到布谷鸟叫声信号时做"某某小鸟"的动作，所有人按照老师的要求完成动作。

4. ：刚刚我们看到布谷鸟有很多种颜色，老师给你们每人一只漂亮的布谷鸟，听到叫声信号时你们在空中画出你的小鸟飞起的路线，它可能是从地上飞到树上，可能是从这棵树飞到另一棵树上，可能是围着你飞了一圈，也可能是在你头顶飞了一圈……让我看到！没有布谷鸟信号时你的布谷鸟都是藏起来的，有信号时你们的小鸟都在森林里飞起！老师播放音乐。

033

5. ：老师看到有布谷鸟叫声信号时森林里高高低低五颜六色飞起的小鸟特别漂亮，我们也快要和小布谷鸟们告别了，行走音乐时，我们小心翼翼地捧着布谷鸟，听到叫声信号时把手中的布谷鸟放飞空中，然后要稳稳地接住小鸟，不能让小鸟掉到地上摔坏了！老师播放音乐。

（九）魔法棒

教学目的：注意聆听音乐，能敏锐地听出音乐信号并有意识地完成自己创编的动作。

适合年龄：4岁。

音乐：*Bibbidi-Bobbidi-Boo* 选自电影《灰姑娘》原声专辑。

音乐分析：*Bibbidi-Bobbidi-Boo* 选自迪士尼影片《灰姑娘》原声音乐专辑，是一首活泼轻快具有魔幻感的歌曲，仙女教母教给灰姑娘的一句魔力咒语"Bibbidi-Bobbidi-Boo"穿插在整首歌曲中。

教具：魔法棒  、丝巾。

教学步骤：

1.（坐下）：小朋友们知道是谁给灰姑娘变出南瓜马车、车夫、漂亮裙子和水晶鞋的吗？（仙女教母）她厉害吗？你们知道她是从哪里来的，又是怎么会

魔法的吗？她是从魔法小镇上来的，魔法小镇离我们这里很远很远，镇上的每个人都会魔法，都很厉害，今天我想带你们到魔法小镇也去学学魔法。去魔法小镇之前我们需要做点准备，首先要学会一个咒语：Bibbidi-Bobbidi-Boo。多教几次，语调夸张一点，各种升降调、语气、情绪……，直到孩子们基本都能模仿出来。

2. ：现在小朋友们先坐着，听到音乐里面有咒语就请站起来，不是咒语的时候请蹲下。播放音乐，开始时老师带着孩子们做，仔细观察，发现孩子们能够有意识地完成老师的要求时要及时鼓励，如果孩子们的反应不太理想，可以再来一遍，给孩子们足够熟悉音乐的时间，但不可超过两遍。

3. ：宝贝们都太棒了，看来我们真的可以出发去小镇了（做一个小镇大门的手势），来排好队，咱们来到魔法小镇门口，只有咒语响起时我们边念咒语边敲三下门，

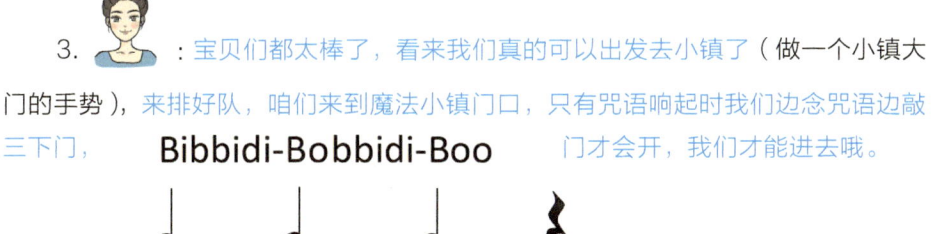

门才会开，我们才能进去哦。

老师做一次示范，并带着孩子们练习边念咒语边敲三下门，不是咒语时在门口等待。播放音乐，在正确的地方敲门的孩子，示意门会"自动打开"让孩子进入后关闭。

035

4. 等所有小朋友进入魔法小镇，老师给每人发一个魔法棒。：宝贝们我们顺利进入魔法小镇了，我们要学的第一个魔法就是魔法舞蹈。我们要藏起我们的魔法棒，不能随便让别人看到（把魔法棒放身后，原地身体随乐摇摆），只有在咒语出现的时候才能让魔法棒出现（点三下，由左到右，由下到上）。

5. 不是咒语的地方，也拿出魔法棒进行位移即兴舞蹈（主要是模仿老师，请老师提供各种位移的可能性），咒语出现时还是做魔法棒的三点动作（原地不动）。

6. ：小仙女小巫师们，你们已经很厉害了，可以自己给自己编魔法咒语的舞蹈了，来给自己的咒语编个动作吧（三点一定要确定，可以改变方向、运动的部位）。

：那除了咒语的部分，别的时候也请尽情地开心舞蹈吧，但别忘记咒语出现的时候要跳自己编的魔法舞哦。

（十）郊游

教学目标：通过不同的音乐主题对应不同的活动，让孩子体会音乐与动作的关系，通过聆听音乐挑选出相匹配的动作。

适合年龄：4岁。

音乐：*Die Ungleichen Brüder* 选自专辑 *Djingalla*。

全曲结构：ABCB，ABCB。

音乐分析：音乐 A 有弹性地小跳的感觉，音乐 B 有灵活地小跑的感觉，音乐 C 有摇摆的感觉。

教具：地垫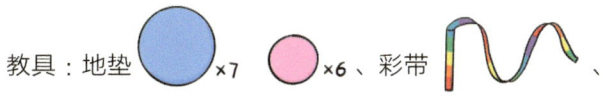

呼啦圈

教学步骤：

1. ：今天老师要带大家去郊外游玩，你们都准备好了吗？我们先到了一条小河边（展示小河的图片），我们要过河，小朋友们有没有办法呀？对了，我们可以踩着石头过河！河里有大石头和小石头，大石头可以放下两只脚，小石头只能放下一只小脚丫，老师已经查看好石头的排列了。

老师坐地上用双手完成过河的动作，大石头双手拍地，小石头单手拍地（连续的小石头请双手交替拍地），孩子们听到过河的石头顺序，尝试边念边在地上拍，老师播放音乐 A，双手完成过河动作。

：老师想请小朋友们把双手过河换成双脚过河，请你们来试试。

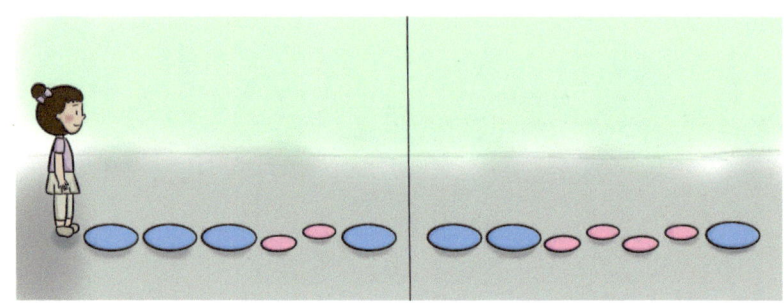

2. ：总算过河了，来到了一片草地（老师展示草地的图片），在草地上我们能玩什么呢？老师给大家准备了风筝（老师展示彩带），小朋友们要让风筝飞在空中不要掉下去哦！老师播放音乐 B。

3. ：我们又跳又跑很辛苦哦，躺下来休息一下（休息一分钟左右）。咦？老师发现了一个山洞，让我们小心地爬进山洞去看看。老师播放音乐 C，让孩子们爬过呼啦圈。

4. ：宝贝们，现在我们郊游的项目都体验过了，那接下来音乐做导游，告诉我们该玩什么了，仔细听好哦！老师播放全曲，仔细观察孩子们是否认真聆听，是否能将音乐与活动对应上，并马上做出相应动作。

（十一）神奇的口诀

教学目标：使学生能听辨出音乐中的信号，做出相应的动作。

适合年龄：4 岁。

音乐：*Ku-Tschi-Tschi* 选自 *Tanzen in der Grundschule*。

全曲结构：AB 循环，B 部分由一个长音乐句 + 两遍 Ku-Ku-Ku-Chi-Chi。

音乐分析：音乐 A 为活泼的跑跳感觉，音乐 B 是念出的 Ku-Ku-Ku-Chi-Chi。

教学步骤：

1. ：老师教你们一个神奇的口诀，我要一个一个和你们悄悄地说，看谁能记住！老师悄悄和每一个孩子耳语（增加神秘感）。

 ：现在请你们一起大声说出口诀！

2.  ：让我们跟着音乐行走，听到口诀时，停下脚步站住不动，一起大声念出口诀。老师播放音乐，前几遍老师观察孩子们对口诀出现时的敏感度。之后，老师可在音乐 B 长音乐句时做迈大步的动作，连接音乐 A 和口诀，同时可提示口诀的部分，几次之后老师撤出。

3.  ：现在我们把念口诀换成用身体来做动作，小朋友们有没有想法呀？

老师引导孩子们尽可能地利用身体完成动作（每人用一至两个动作元素），鼓励每一个孩子都大胆做出自己的身体口诀，和所有孩子一起模仿每一个人的动作，并对应上孩子的名字，如"果果的身体口诀""豆豆的身体口诀"……。老师播放音乐，提前说出将要做"XX的身体口诀"，在口诀处所有人完成指定动作。

4.  ：老师现在教给大家一个统一的身体口诀，口诀中 Ku 是双手拍双腿。Chi 是拍前面的空气。老师带着孩子们多尝试几次后，要求两人一组，面对面，Chi 时两人对拍双手。

041

5. 完整版舞蹈：先分好两人一组，A 音乐时各自在音乐中行走或跑跳，B 部分长音乐句时，小搭档们一边招手一边迈大步走向对方并面对面站好，口诀音乐时完成统一的口诀动作。

（十二）打雪仗

教学目标：感受重拍重音。

适合年龄：5 岁。

音乐：《俄罗斯舞曲》选自柴可夫斯基芭蕾舞剧《胡桃夹子》。

全曲结构：ABA。

音乐分析：音乐有重音，在重音的地方完成投掷的动作。

教具：软球 、手鼓 。

教学步骤：

1. ：小朋友们有没有打过雪仗呀？打雪仗要在什么天气才能进行？（下雪天）要有什么才能打起雪仗来？（雪球）今天我们就来打雪仗。来，我们先做几个雪球（老师带着孩子们无实物完成做雪球的动作）。我们试着把做好的雪球扔出去，左手扔一个，右手扔一个，手感还不错！

2. ：现在老师用鼓声为信号，老师鼓声响起的时候你们就要把手中的雪球扔出去，我看哪个小朋友最听指令，他将最先组队。老师用夸张的敲鼓动作帮小朋友们找到扔出雪球的那一刻。

3. ：现在我们来听音乐，你们觉得哪里扔出雪球最合适，最有力量。老师播放音乐《俄罗斯舞曲》前半部分，让孩子们尝试，然后可以尝试几种错误的例子，让孩子们直观地看到动作与音乐的不相符，以确定正确的时机。

4.

好，我们来尝试一下在音乐中打雪仗，每人两个球，左右手各一个，扔出两个球后手里没球了，需要去地上再找两个球，然后听到扔出去的音乐时再扔雪球。

5.

现在我们要组团打雪仗了。老师把孩子们分成两个阵营，中间放好中线。

：每组的小朋友不能越过中线，每次只有一边的小朋友手里有雪球，另一边的小朋友要准备躲避，躲过对方的球后要赶紧去捡扔过来的球，好在下一轮正确的时候还击。来，我们试试手里没有球的情况，都能听从指令后，老师要发雪球了。

6. 在上一步孩子们做得基本正确后，老师发雪球，在音乐中完成《俄罗斯舞曲》的前半部分。

7. ：中场休息的时候，两边队员要集中讨论一下刚才这场雪仗打得怎么样，接下来要怎么打。讨论的时候，老师还有一个难题，你们要边移动边讨论和休息，老师给你们每一边的难题可是不一样的哦！老师给两边队员发放图片。

图片1：

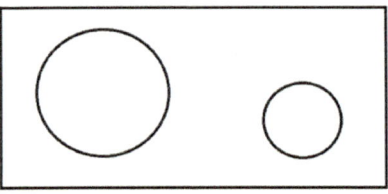

图片2：

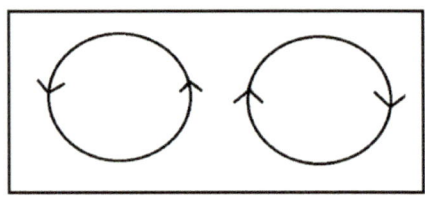

8. 让孩子们在音乐中完成自己商量的舞步，老师提醒回到打雪仗队形的音乐。

9. 播放完整的音乐，观察孩子们听到音乐的反应。

（十三）打臭虫

教学目标：使孩子们仔细聆听不同特性的音乐，并能敏锐地区别并用动作表示出来。

适合年龄：5岁。

音乐：*Pizzicato* 选自德里布的芭蕾舞剧《西尔维亚》。

全曲结构：ABA。

音乐分析：音乐A是有弹性的拨弦，适合小心的有弹性的行走；音乐B是连贯的，适合伸展的动作。

教具：小手鼓 、大块蓝布 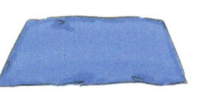、

游泳姿势的卡片 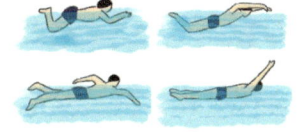。

教学步骤：

1. 老师播放音乐的前奏， 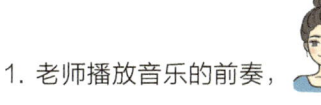：这个音乐让小朋友们有什么感觉？让你们想到什么？

：昨天老师听着这首音乐睡着了，然后就做了一个神秘的梦！在这个梦中我到了一个热带雨林，眼前都是热带植物，我拨开一片大大的树叶，又拨开一片树叶，眼前怎么还是树叶？我从树叶下钻了过去，哇……你们猜我看到了什么？热带雨林里景色很美，但是怎么嗡嗡地响？这么多的臭虫！如果有臭虫飞到身上，想赶走又不想弄脏手怎么办？小朋友们有办法吗？我们可以用手弹掉它们。

老师播放音乐前半部分（前奏＋音乐A），音乐A的乐句后三个拨弦时做弹虫子的动作，老师用语言提示虫子可能飞到身体的各个部位（头顶、耳、肩膀、胳膊肘、肚子、后背……）。

：老师现在给每个小朋友一个臭虫拍，这样就不用弄脏手了，同样听老师的臭虫飞到你的哪个身体部位了，就用臭虫拍在这个部位（在三个拨弦时）拍。这次老师不说身体部位了，小朋友们根据臭虫飞的部位来拍。

你的眼前飞着各种臭虫，它们不一定飞到你的身上，在空气中你们也要拍它们，身前／身后／高的地方／低的地方／左边／右边……

2. ：小朋友们知道在哪里小臭虫不会进去吗？对了，在水里！这里有个湖我们赶快进去躲一躲！老师把孩子们带到铺了大块蓝布的区域。

：在湖里我们要游动起来，你们都会游泳吗？会几种游泳姿势呀？蛙泳、蝶泳、仰泳和自由泳。孩子们说出一种，老师拿出一种泳姿的卡片，并用语言和动作帮助孩子们明确区别四种泳姿，确定好后跪坐在地上完成泳姿的动作。

蛙泳

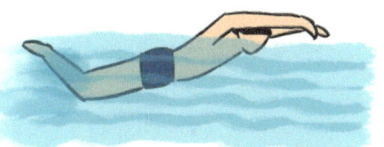

蝶泳

自由泳

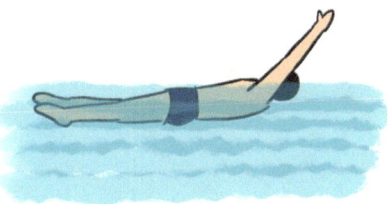

仰泳

：现在我们要用这四种泳姿游泳，请你们安排一个顺序吧！孩子们确定好顺序，老师把泳姿图片按顺序贴在墙上。老师播放音乐 B，每个乐句按墙上的顺序更换一种游泳姿势（四个乐句），带领孩子们做一两次。

3. 老师播放全曲，仔细看孩子们能否根据音乐选择正确的场景区域，并做出正确的动作，尤其是音乐 A 第二次跟在音乐 B 后出现时，看看哪些孩子能够敏锐地发现。

（十四）集市

教学目标：使学生能敏感地听出回旋曲式中反复出现的 A 主题，并用规定的舞步完成表达；B，C，D 主题对应不同的动作，学生能完成音乐与动作的搭配，并在听到音乐后迅速作出选择。

适合年龄：5 岁。

音乐：*Viennese Musical Clock* 选自 *Zoltán Kodály* 的 *Háry János*。

全曲结构：ABACADA 回旋曲式。

音乐分析：A 主题乐句规整，轻松欢快，有规律地出现。

教具：高音钟琴 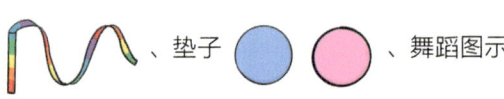、图片（圣诞集市、盛装游行、举杯狂欢、漫天烟花）、彩带   、垫子   、舞蹈图示。

教学步骤：

1. ：小朋友们有没有在国外过过圣诞节呀？有没有去过圣诞集市？在国外一到节日，人们就会聚集在小镇的中心广场上吃吃、喝喝、玩玩、游行、买东西，很热闹。老师拿出节日集市、游行、喝酒的图片给孩子们看，让孩子们能感受到热闹的氛围。

2. ：我很想带你们也去集市上看看，但是集市上的人很多很多，万一走散了怎么办？那麻烦可就大了！我有一个音乐信号代表集合，你们仔细听，熟悉我们的集合信号。老师用钟琴敲两遍 A 主题。

：老师要演练一下，我们都坐下，假装在集市上溜达，听到音乐我们就用前后摆动手臂表示溜达，如果听到集合的音乐请赶紧举手让我看到你们接收到信号了！老师播放音乐，提醒孩子们关注钟琴音转变成音乐的过程。当孩子们在原地对音乐信号比较敏感后，老师给每一个孩子发一个垫子，让孩子们听到行走的音乐时，离开垫子四处行走，听到集合的音乐信号时回到自己的垫子上集合。

3. ：大家对于集合音乐都听得很准确了！其实我们有一个集合舞，让我们来试着跳跳。老师拿出舞蹈图示。

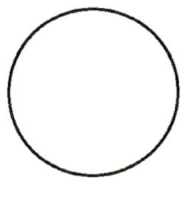 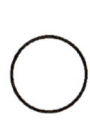 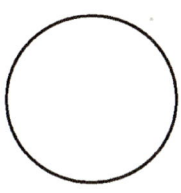

     1   2   3

：第一个是开始的队形，然后要到第二个图形，再往后又到了图形 3，你们觉得这我们要怎么表现出来呢？（让孩子们发表自己的想法）对了！我们先是牵手围个大圈，向圈心走成一个小圈，然后再退回成一个大圈！

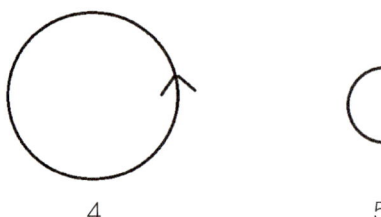

：那接下来两个图示，你们想想会是什么意思呢？（让孩子们发表自己的想法）围着大圈向右旋转，小小的转圈就是自己转个圈！

：让我们把集合舞蹈跳一次吧！

老师先用钟琴伴奏，让孩子们在舒服的和可以思考的速度下完成集合舞蹈，然后过渡到播放音乐（速度稍快）起舞。

在音乐下完成全曲。

4. 所有小朋友围着老师坐好，老师准备好两种颜色的垫子。：下面我们要单独听一遍音乐，集合的音乐我们用粉色的垫子表示，不是集合的音乐我们用蓝色的垫子表示，我想请小朋友们帮助老师一起完成摆放的工作。最先出来的是什么音乐，摆放什么垫子呀？老师在孩子们的帮助下摆放好垫子。

：在自由活动的时候（非集合音乐时），我们有还多事情可以做，我们可以盛装游行，可以和朋友们举杯庆祝，还可以看漂亮的礼花。老师拿出三张活动的图片，演示一下每项活动的特点——盛装游行时有很多人排着队行进，音乐应该是能统一大家步伐的，如进行曲一般；举杯庆祝时应该有碰杯的声音和与人高兴聊天的感觉；看漂亮烟花时该有烟花爆破的声音和漫天烟花坠下的感觉。

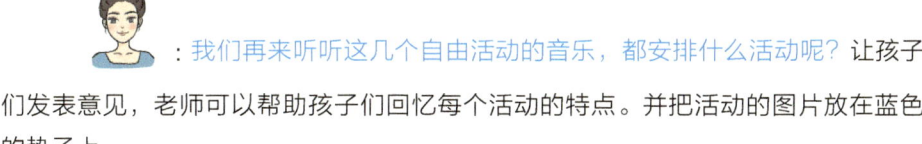：我们再来听听这几个自由活动的音乐，都安排什么活动呢？让孩子们发表意见，老师可以帮助孩子们回忆每个活动的特点。并把活动的图片放在蓝色的垫子上。

5. ：太棒了！现在请大家排成一队，列队游行。

在举杯的时候我们聚在一起做碰杯喝饮料、高兴聊天的样子。

放烟花时我们到旁边拿起彩带在空中散开。

让我们来完成全曲吧!

(十五)提线木偶

教学目标:启发孩子们探索身体可以做抬高、放低和前后左右移动和绕圈的部位;对于音乐的突然停止有强烈的意识,并用身体表示出来;学会看指挥。

适合年龄:5岁。

音乐:音乐1. *Alewander* 选自 *Tänze füer kinder und Jugendliche*。

音乐2.*Die Zirkuskapelle* (Mit Pausen) 选自 *Kleine Clowns und große Töne*。

音乐3.《糖果仙子舞曲》选自柴可夫斯基的芭蕾舞剧《胡桃夹子》。

音乐分析:音乐1.活泼轻松的音乐,速度稳定,恒拍明确;

音乐2.如进行曲一般有行进感,速度稳定,有休止,老师可以挑选合适音乐自行剪辑;

音乐3.《胡桃夹子》的糖果仙子舞曲音乐的旋律是由打击乐钟琴演奏,每个音顿感清晰,符合提线木偶动作不连贯的特点。音乐结构是带再现的三部曲式。

教具:两根编织的绳子,一黄一蓝。

教学步骤：

1. 小朋友们贴墙坐下，老师播放电影《音乐之声》的《孤独的牧羊人》选段。

：小朋友们，你们看到电影里面的小朋友们在表演什么？他们怎么控制这些木偶的？对了，是通过手里的线！现在老师手里有控制的线，我想让你们都变成我的小木偶，看看哪个小木偶最听我的话！

老师拿着一蓝一黄的绳子分别触碰每一个小朋友的双手手腕，：老师把提线系在小木偶的哪里了？我们面对面像镜子一样，如果老师抬起这只手，小木偶会怎样？抬起另一只手，小木偶又会怎样？老师测试过孩子们的反应后，开始播放音乐1。老师随着音乐的节拍轻点手腕，随时可以抬起一只手并保持一会儿，看看孩子们能否根据老师的动作做出相应的动作，老师也可根据孩子们的反应能力逐渐增加抬手的频率，同时，也可以通过老师的动作（非语言）给孩子们增加动作的指令，如双手抬起，前后左右移动和画圈。

：老师要把提线换一个地方系上，这回是系在哪里了？老师用绳子逐一触碰孩子们的肩膀，让孩子们体验肩膀受控制。老师还可以更换到膝盖、脚或是臀部等地方，让活动更有趣味。注意提线部位是膝盖或脚时，可以采用坐姿，也可采用站姿，站姿需要孩子们能灵活地移动重心。

2. 现在站起来，老师要控制小木偶们行走了。一会儿小木偶们跟着音乐行走，老师会提前告诉小木偶们一会儿要提起的部位，等音乐停，小木偶们也要停在刚刚老师说的提起部位的动作上保持住。音乐继续，也请小木偶们继续行走。老师播放音乐2。老师一定要在每次停顿之前说出提起部位，让孩子们能有反应的时间。

3. 老师夸张地做以下动作，看看孩子们的反应。老师松开抓提线的双手，木偶们应该纷纷顺应引力跌落地面。

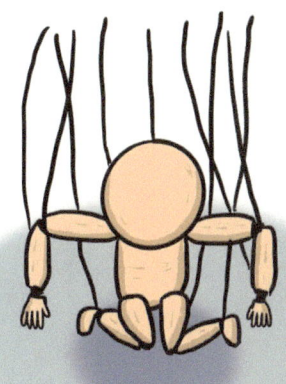

老师多尝试几次从地上一点一点地提起提线，然后松手。

老师把小朋友们分成三个组，要求每组小朋友认真看指挥。如果老师指挥哪组的小木偶，哪组的小木偶就要舞动。如果老师松掉哪组的提线，小木偶就要蹲下，但要注意随时都可能被老师提起来。

老师课前一定仔细听熟悉音乐。老师的指挥动作如下：

小节数		老师的指挥动作	孩子的动作
1～4小节	前奏	不动	自由挑选一个木偶的动作，保持不动
5～8小节	第一乐句	指挥 A 组孩子舞蹈	A 组小朋友舞蹈，其他两组保持不动
	本乐句最后一拍	松掉 A 组的提线，并示意 B 组准备	A 组小朋友蹲下
9～12小节	第二乐句	指挥 B 组孩子舞蹈	B 组小朋友舞蹈，其他两组保持不动
	本乐句最后一拍	松掉 B 组的提线，并示意 C 组准备	B 组小朋友蹲下
13～16小节	第三乐句	指挥 C 组孩子舞蹈	C 组小朋友舞蹈，其他两组保持不动
	本乐句最后一拍	松掉 C 组的提线，并示意 A 组准备	C 组小朋友蹲下
17～20小节	17 小节	一拍提起 A 组提线，一拍松开	A 组小朋友起立—蹲下
	18 小节	一拍提起 B 组提线，一拍松开	B 组小朋友起立—蹲下
	19 小节	一拍提起 C 组提线，一拍松开	C 组小朋友起立—蹲下
	20 小节	提起所有三组的提线（根据音乐节奏分四次一点一点提起提线）	三组小朋友根据指挥一点一点站起

4. 如果孩子完全能够根据老师的指挥完成以上部分（音乐的 A 部分），可以尝试下面的 B 部分。三个动作指令：

（1）老师做右手伸出食指在头顶绕圈的动作，并告诉孩子们这是让他们离开木偶的位置围着老师绕圈跑动。

（2）如果老师做双手向上伸展并五指张开（音乐的重音处）的动作，请小朋友们跳起来。

（3）最后一个新的指令，老师做双手在胸前左右移动、手指前后活动的动作，小木偶们赶紧回到原分组的位置。

5. 完整的《糖果仙子舞曲》结构是 ABA。

（十六）小马奔腾

教学目标：训练孩子们对木质类和金属类乐器的听辨，增加对乐句概念的体验和理解，学习从图形到队形的运用和设计。

适合年龄：5 岁。

音乐：The Wild Horseman。

全曲结构：八个乐句，||: a a' :|| b b' a a' ||。

音乐分析：6/8 拍，快速。

教具：双响筒 　　　、串铃 　　　、绳子 　　　。

教学步骤：

1. ：今天老师给你们带来了两件乐器，你们听听声音是一样的，还是完全不同的。老师背对着孩子演奏两件乐器。

：两件乐器的声音是不同的，一件是用木头制作的，另一件是金属制作的，你们能第一时间听到声音并告诉我是木头做的双响筒还是金属铃铛吗？老师尝试在孩子们看不到的地方演奏，观察孩子们能否敏锐地判断出两件乐器。

2. ：今天你们都是老师的小马，我要把我的小马分成两个组。一组要听双响筒的指令，只有在双响筒发出声音的时候可以到处活动，声音停脚步停；另一组要听串铃的指令，只有串铃发出声音时才能活动，现在两个小组各自给自己组取一个名字吧！（如漂亮小马组和金色铃铛组）我们分好组取好名，要测试一下哪一组的小马最会听信号，哪一组的小马最聪明！

老师先分别演奏两件乐器，节奏型为（ $\frac{6}{8}$ ♩ ♩ ♩ ），孩子们活动时用马步跳的动作，乐器演奏的时间长短可自由安排，主要观察孩子们的反应能力，如果孩子们都很清楚自己的乐器声音后，老师可以尝试同时演奏两件乐器，并仔细观察，悄悄由两件乐器减少到只有一件乐器等多种变化。

3. 老师播放音乐并敲击打击乐器，以一个乐句为更换乐器的单位，或单件乐器或两件乐器同时演奏。让孩子们大概感受一下音乐的速度和乐句的长短。

老师请小朋友们在对面坐下，取出一根绳子。：这是小马们出发走的距离，请大家听听，每次的距离是不是都是一样长的？老师用手指模拟小马奔跑，沿着绳子从乐句的开始到结尾，乐句的最后一拍拍击双手。

通过绳子的具象，让孩子们感受每次活动的距离也就是时间是相同的，让孩子们能够合着音乐完成手指奔腾并在每句最后休止前的一拍击掌。

4. ：好了，我们的小马已经知道了每次奔跑的时间和距离了，请大家把刚刚手指奔跑换成用小马蹄来奔跑，但是不要忘记每次结束前的击掌还是需要用双手来完成的哦！

5. 🙂 ：小马一直自己玩多没有意思呀，在击掌的时候请找一个小伙伴互相击掌，看看哪些小马比较有默契！

6. 🙂 ：我们两个组的小马的家在教室的两边，每匹小马找一个对面的小伙伴做搭档，漂亮小马队需要用一次出发的时间（一个乐句）到对面的朋友家去做客，别忘了到达时要和对方击掌哦！然后再用一次出发的时间（一个乐句）回到家里，到家自己击掌以示完成。

漂亮小马组：

音乐反复时,请金色铃铛组的小马到漂亮小马组家里做客,然后回家。

7. 音乐的 5~8 句,老师拿出几张图形,让孩子们商量应该如何完成后面的部分。如:

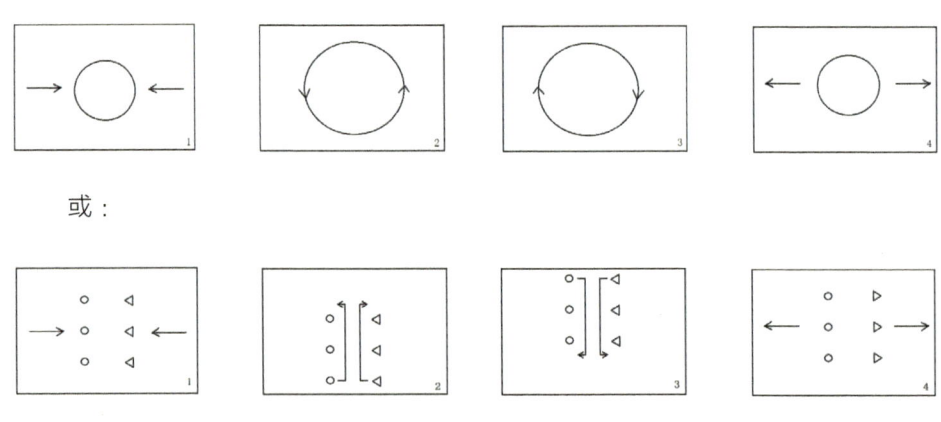

或:

请孩子们展示自己的小马舞。

8. 给孩子们第 1 张和第 4 张图形卡片,第 2 张和 3 张为空白页面,请孩子们自己商量、完成画图并展示出来。

拓展部分：

老师可以展示一下打击乐中各种木质乐器，如梆子、木棒、木鱼、刮胡、响板等，让孩子们听听声音并尝试演奏，问问孩子们这些木质打击乐是否适合来演奏小马行进的马蹄声。

老师展示金属类打击乐器：如铃鼓、小锣、指镲、三角铁等，让孩子们先听声音并尝试演奏。提问孩子们这些金属类的打击乐是否适合来演奏小马行进时铃铛的声音。

（十七）字母啦啦操

教学目标：让孩子们用身体表现字母，自己安排舞蹈的顺序，参与舞蹈的编排，通过队形的变换体会空间的变动。

适合年龄：5～6岁。

音乐：自选，节奏感强。

音乐分析：有节奏感，乐句规整，每句均为八拍。

教具：字母卡片 、啦啦球 。

教学步骤：

1. ：孩子们，我们今天要来一起探索一下身体可以变成什么字母，挑选一种最像的做为我们的标准动作。老师出示卡片A，小朋友们探索A的身体表达形式，老师挑选一种作为标准，老师出示卡片B……，如果有的字母身体不适合做，老师将卡片取出放一边（不再使用），剩下最合适的动作（大概12～14种）。让孩子们反复练习几遍，做到能准确做出所有动作。

2. 配合音乐完成：每句原地踏步四拍，按老师举起的字母摆出姿势停留四拍。老师要在原地踏步的最后第四拍举起字母卡片，给孩子们留出准备的时间。

老师可以语言提示孩子们:

3.  :请你们自己安排动作的顺序,将字母卡片摆放在前方,合着音乐完成所有的动作。

4. 第二次课,将小朋友进行分组,每个组八个乐句,自行编排;编排完老师请孩子们一组一组展示。然后老师拿出队形的卡片,每个组挑选一个起始队形,并在自己的舞蹈里完成一次队形的变换。

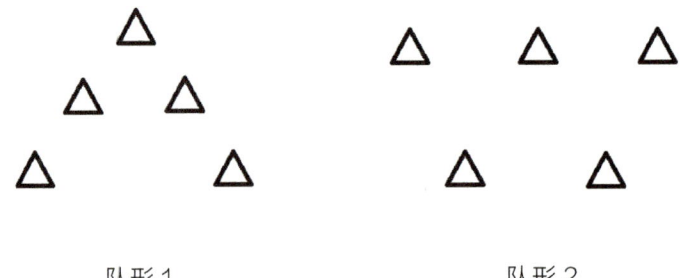

队形1 队形2

队形 3　　　　　　　　队形 4

队形 5　　　　　　　　队形 6

5. 👧：之前我们做的都是大写的字母，这次我们要做做小写的字母，请问小写的字母我们怎样表现呢？要怎么区分大小写呢？（让孩子们发表意见）我们看到的大写字母高高的，小写字母通常矮矮的，我们也要用身体表现出来！我们可以用单膝跪地的动作来表示小写。

6.  ：小朋友们太聪明了，那接下来老师要为难一下你们咯！老师拿出准备好的卡片（卡片上共有八个大小写的字母）。

 ：请你们合着音乐，按照老师给你们的顺序完成你们的动作，如 OxYTkvCW。

7. 也可以让小朋友们自己完成字母编创，组内完成或各组交换完成对方的字母组合。

（十八）蒙古族筷子舞

教学目标：让孩子们从节奏入手，感受蒙古族筷子舞的基本动作，尝试在规定范围内完成筷子舞的动作创编，了解蒙古族的文化习俗。

适合年龄：5～6岁。

音乐特点：活泼欢快，乐句规整的蒙古族音乐。

建议音乐：《吉祥的筷子》，选自民族民间舞蹈考级音乐。

教具：木棒  、蒙古族的筷子 。

教学步骤：

热身（结合主题课程）

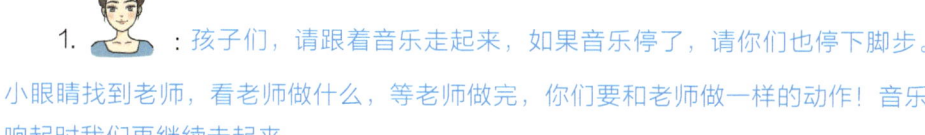

1. ：孩子们，请跟着音乐走起来，如果音乐停了，请你们也停下脚步。小眼睛找到老师，看老师做什么，等老师做完，你们要和老师做一样的动作！音乐响起时我们再继续走起来。

老师等音乐停下时完成下面三种节奏组合的敲击，请注意一次音乐停顿只完成一种，可以多重复几次，加深孩子们的印象，确保孩子们模仿得准确。老师在敲击时请把动作占满节奏，四分音符用小的动作，二分音符用中等的动作，全音符用最大的动作。

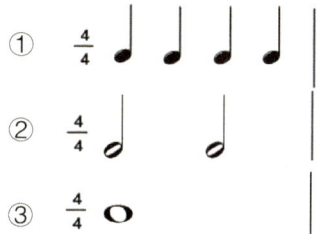

2. 孩子们大致熟悉节奏后，：我们刚刚拍过的节奏组合有几种呀？每一种组合里有几个声音呢？每一组占用的时间是一样的还是不一样的？老师可以帮助孩子们寻找答案。

：对啦！有三种节奏组合，分别有四个声音、两个声音和一个声音，每一个节奏组合占用的时间都是一样的。

067

主体部分

1. ：现在老师用这几种节奏组合在一起，看看你们能不能都打出来，三种动作要给清楚哦！老师完成 8 拍的动作组合，孩子们在 8 拍后马上模仿。

2. ：你们对这三种不同的节奏组合已经非常清楚了，我要给你们换一个能发出声音的东西，我的每一个组合都有一个专门的动作，跟我学一下（跪坐）。

老师给每一个小朋友发一把筷子。

第一种：弯腰双手敲击前面的地板，从左到右 / 从右到左 。

第二种：双手敲击双腿然后同时向右 / 左摆动 。

第三种：左手保持不动，右手从上往下敲击完侧面画大圈，类似骑马扬鞭的动作。

　　动作学好后，老师用鼓敲击节奏，学生完成相对应的动作，从一种节奏开始（四拍），先是所有小朋友一起完成，然后单独找小朋友来做，确保所有的孩子都会了之后，扩展到八拍（两种节奏的组合）的动作组合。

3. 👤：小朋友们你们仔细观察一下手里这个发声的东西，说说它的样子。对啦！你们手里的是一把筷子，用这个筷子跳的舞就叫作筷子舞。筷子舞是蒙古族的特色舞蹈，是重要的日子和喜庆的日子里男人们跳的舞。舞者用筷子击打手、臂、肩、背、腰、腿、脚等部位，有时还会击打地面，边打边舞。

👤：现在我们坐着"节奏小火车"去蒙古，每节车厢里需要我们做不同的筷子舞动作，看看小朋友们能不能完成任务，顺利到内蒙古呢。

👤：难不倒小朋友们，那我们加大难度，使用"超级小火车"！

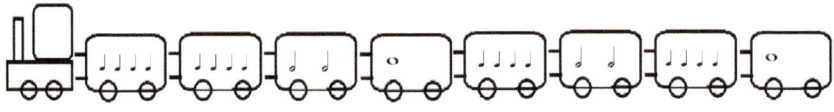

4. 👤：请小朋友们用筷子试一试，除了敲击地面、大腿和胸前互击，还能敲击身体的什么部位？请每一位小朋友给三种节奏配上自己的敲击动作，给你们两分钟时间想一想、动一动。

5. 老师要给你们每人一辆"超级小火车",让你们自己设计并完成组装,你们可以在"火车"里安排自己的节奏和对应的动作,完成设计后,需要表演给大家看,大家一起帮忙检查一下,看看是不是都能顺利到达内蒙古呀!

(十九)飞舞的打棒

教学目标:使小朋友们初步体验中国西南少数民族的音乐和舞蹈,能够将图形与动作相结合完成动作组合,编排完成自己的动作组合。

适合年龄:5~6岁。

音乐:打歌(彝族),选自民族民间舞蹈考级音乐。

音乐分析:中速,结构规整,乐句长短一致。四句为一个乐段。

教具:打棒 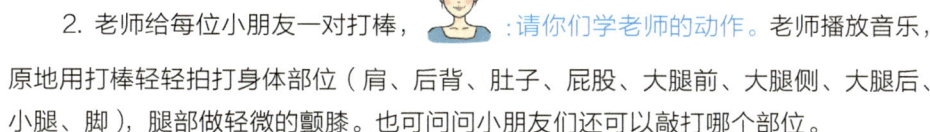、图形卡片。

教学步骤:

热身(结合主题课程)

1. 所有人围圈。老师展示打棒,:这是一种流行于各地,尤其在云南一带最为流行的乐器/舞蹈道具,它以摇动和拍击发出声音为主要特点。请你们仔细观察。

2. 老师给每位小朋友一对打棒,:请你们学老师的动作。老师播放音乐,原地用打棒轻轻拍打身体部位(肩、后背、肚子、屁股、大腿前、大腿侧、大腿后、小腿、脚),腿部做轻微的颤膝。也可问问小朋友们还可以敲打哪个部位。

3. 老师带领小朋友们顺时针行走，并敲击身体不同部位。行程中突然改变行进方向，孩子们也要尽快调整。

4. 老师依次出示五张图片，启发学生们根据图片思考打棒与身体的关系，并规范五个动作。

（1）  双手竖握打棒，合并敲击四次，一拍一次。

（2）两脚分开与肩同宽，身体左移重心，向上伸直双臂将打棒上交叉；然后身体右移重心，向下伸直双手将打棒下交叉；两拍一个动作。

（3）双手用打棒敲击肩膀同时自转一周，敲击肩膀和转圈的脚步均为一拍一个。

（4）小鞋子代表向外翘起的脚，左手举起保持不动，右手用打棒敲脚－敲击肩膀－敲击脚－敲击肩膀，动作均为一拍一个。

（5）重心在左腿，左手举起，右手敲击脚—敲击单肩—举手与左手汇合上交叉，前两个动作一拍一个，第三个动作两拍完成。

5. ：老师做，请小朋友们学着做，尽量和老师一模一样。老师先完成单一素材，让孩子们模仿。然后老师完成两组素材，再让孩子们模仿。

6. ：老师完成动作，请小朋友们说出动作的编号。老师先完成单一素材，让孩子们说出对应的编号。然后老师完成两组素材，再让孩子们说出相应的编号。

7. 老师将小朋友们进行分组，大概三到四人一组。：老师要请你们完成超级难的挑战，你们每组要从卡片中抽取一个任务卡片，在五分钟内商量好，完成上面的动作任务！

（1）　　　　　　　　　（2）

（3）　　　　　　　　　（4）

（5）

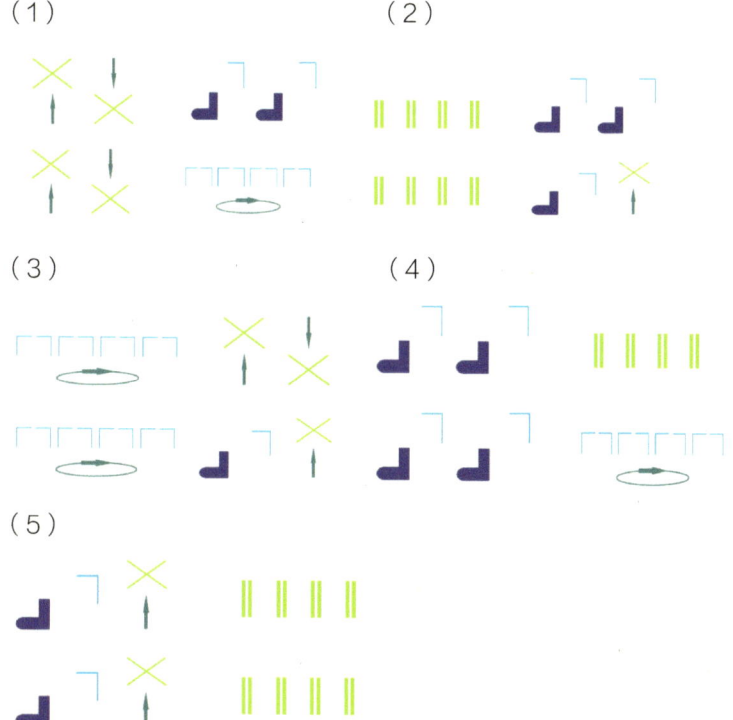

准备时间到后，请小朋友们以组为单位围坐地上，老师一组一组请小朋友来展示，到哪一组就请这组小朋友站起来展示，完成后坐下。

8. 老师请小朋友们以组为单位，自己对动作进行编排并展示出来。

此教案陶源参与备课和绘制图卡

（二十）竹竿舞

教学目标：让孩子们通过竹竿舞了解中国的民间舞蹈形式，通过双脚跳和单脚跳的不同组合形式训练孩子们的协调能力和平衡能力。

适合年龄：5～6岁。

音乐：《竹竿舞》，选自民族民间舞蹈考级音乐。

音乐分析：节奏感强，中速、八拍一个乐句。

教具：彩色的皮筋、竹竿、中国鼓/手鼓。

教学步骤：

1. ：今天老师要带你们玩闯关游戏，游戏开始前要先学会闯关的神秘指令！请大家仔细观察老师的动作，我有几个问题需要你们一边观察一边找到答案，等老师问你们的时候再回答。

（1）老师的动作是面向哪里的？（小鼻子三角形的朝向）

（2）老师活动的方向是哪边？是一直在移动还是有原地的？

（3）老师左右脚的动作是怎么安排的？（左右交替还是左右重复）

（4）老师鼓上的神秘指令是什么？

2. 老师在地上摆放8条平行的直线。

（1）老师边击鼓边完成神秘指令一（开开合合，开开合合）：

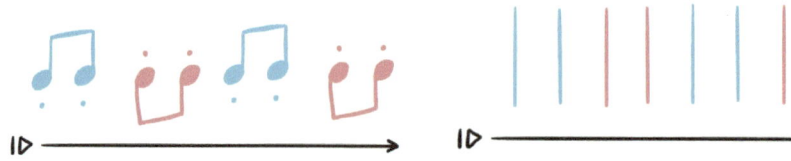

脚步：　　　　　　　　　　　方向：

：请小朋友先回答老师之前的问题。

：① 小鼻子面向前面；② 方向向前，有移动有原地；③ 右右左左交替；④ 鼓上神秘指令是 ti ti ti ti ti ti ti ti。

请小朋友模仿老师完成动作，两人一组一起通过 8 条直线，不可以踩到线哦！

（2）老师边击鼓边完成神秘指令二（开 合 开开合）：

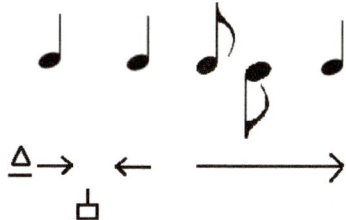

：① 小鼻子在侧面；② 向侧面移动，有原地有移动；③ 右 右 右左右；④ 鼓上神秘指令 ta ta ti ti ta。

请小朋友模仿老师完成动作。

（3）老师边击鼓边完成神秘指令三（开开合 开开合 开合开合开开合）：

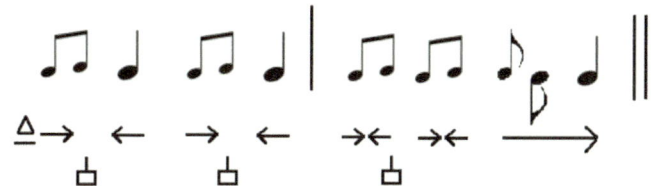

：① 小鼻子对着侧面；② 向侧面移动，多原地最后有移动；③ 右右右 右右右 右右右右左右；④ 鼓上神秘指令 ti ti ta ti ti ta ti ti ti ti ti ta。

请小朋友模仿老师完成动作。

注：以上谱例为舞步谱，♩ 符干在上方表示右脚，♩ 符干在下方表示左脚；△ 表示面向；⏊ 表示原地，位置没有发生变化；→ 表示方向。

例：

右脚向右点地（一拍）收回（一拍），向右右脚左脚右脚交替跳。

3. 8 位老师 / 小朋友腿绑着皮筋至脚踝，老师用鼓声密令让小朋友了解应该用哪个密令来过关。两两一组，可以让孩子们尝试左侧右侧的交换，做到两个方向都可以完成。

4. 8位老师/小朋友拿皮筋完成竹竿舞的动作（手腕绑铃铛）。师生一起听鼓声密令完成通关动作，合着音乐跳竹竿舞。

5. 所有小朋友都会跳和摆弄皮筋后，可以使用竹竿完成全曲的舞蹈。

6. 老师根据小朋友的情况,还可以扩展,尝试两人一组跳竹竿舞的方式。

三、结束环节

　　结束环节要让孩子们迅速安静下来,方法就是让他们躺下来闭眼休息一会儿。这时要播放慢速舒缓且具有明显律动的音乐,老师游走在孩子们之间,告诉他们"老师会挑选休息得最好的孩子,轻轻摸他的肩膀,如果你们感觉到肩膀有人抚摸,请睁开眼睛、起立并牵上前一位被唤醒小朋友的手,跟着老师去唤醒另一位休息好的小朋友"。所有的孩子都起立牵手后,老师带着孩子们在音乐的律动中行走,走出各种行进的轨迹,如贴着墙边行走、蛇形、围圈、圆圈变大变小(如同吹泡泡,一定要慢慢吹,不能吹破)、穿"山洞";也可以两位老师带领两个队伍完成更多的队形变换,两队可以走对称的图形,也可以合并同行,还可以一个队伍变成"山洞群",另一个队伍变成小火车在"山洞"中穿梭等等。最后,老师在音乐中把孩子们送出教室或带回到他们自己的座位上。

后记

笔者从事幼儿创造性音乐与动作课程教学已步入第十个年头，开展教师培训也有八年之久。每次培训笔者都会拿出一些课例与一线的老师们分享，老师们听完课后意犹未尽的表情都会深深打动我，使我慢慢地萌生了将课例集结成册的想法。相比幼儿园的老师，我们可能在音乐方面接受过更系统的学习，对音乐的关注更侧重本质，能够明确地给予孩子们创造性的范围和空间。我希望可以帮助一线老师们从相对专业的角度去分析音乐、使用音乐直到能自己挑选音乐完成独创性的课程，当然一线老师的经验也是我们望尘莫及的，这本实例集就当是抛砖引玉吧。

这些年里，从第一届陪我上课的教学团队成员肖周衍、邓洁和万梦婷，她们大一就开始参与教学，直到研究生毕业，把每一个周日都给了我和孩子们。我们一起使教学案例一遍一遍地完善、成熟，她们现在已经研究生毕业且工作两年，有的都成家了，但那些周末都是我们回忆中美好的存在。我的插画师唐歆仪也是团队的重要成员，她熟悉我所有的课，只要我的简单提示她就能完成让我满意的插画，只是等待的时间有点久……从她大三到现在研三，慢慢地等待了她去匈牙利交流、考研、研究生外地实习，直到在我完成后记的时刻我还在等待她最后的十幅关于结束环节的插图。此外，还有具有舞蹈背景的陶源、封成澳，我们一起探索尝试用音乐的视角拆解舞蹈元素，用音乐教学法帮助孩子们更快更容易地学习舞蹈动作，尝试用中国音乐和舞蹈的元素让孩子们全方位地体验和感受中国文化。当然我们只是刚刚起步，我的下一个目标就是《儿童创造性的音乐与动作——中国元素篇》，希望继续为孩子们带来更丰富、多元的艺术体验。